OBSERVATIONS

DES CITOYENS

COMPOSANT CI-DEVANT

LE CONSEIL-GÉNÉRAL

DE LA COMMUNE DE LILLE,

AU MÉMOIRE

INTITULÉ:

LAVALETTE

AU COMITÉ DE SALUT PUBLIC

DE LA

CONVENTION NATIONALE.

OBSERVATIONS

DES CITOYENS

COMPOSANT CI-DEVANT

LE CONSEIL-GÉNÉRAL

DE LA COMMUNE DE LILLE,

AU MÉMOIRE

INTITULÉ:

LAVALETTE

AU COMITÉ DE SALUT PUBLIC

DE LA

CONVENTION NATIONALE;

Du 19 Nivose.

Le Conseil Général de la commune de Lille avoit été suspendu : cette mesure extraordinairement rigoureuse, à laquelle il s'étoit soumis avec résignation, sembloit le mettre à l'abri des traits de ses ennemis les plus acharnés ; mais Lavalette ne pardonnera jamais au conseil d'avoir reçu contre lui la dénonciation du bataillon des Lombards ; mais Lavalette est trop intéressé à faire croire que, loin d'être un intriguant, il existoit à Lille des intrigues, et qu'il en étoit l'observateur religieux. Dans cette vue, il ne ménage rien; membres de la convention, société populaire, autorités constituées, citoyens d'une commune inviolablement attachée à la révolution, tout est maltraité, dénigré, calomnié ; à l'entendre, lui seul au milieu d'un foyer de corruption a conservé des sentimens purs, un patriotisme actif, l'énergie révolutionnaire : mais son libelle n'est qu'un tissu d'impostures, de plaintes tardives et d'inculpations vagues qui n'ont pour garant que la parole de l'auteur. Nous ne nous attacherons qu'à réfuter celles qui concernent le conseil-général et la municipalité de Lille.

Le Paragraphe le plus remarquable commence à la page 4. Il est conçu en ces termes : *A chaque opération, les incidens renaissoient ; vouloit-on de l'eau-de-vie pour les approvisionnemens, elle étoit disparue à Lille, à Dunkerque, et sur toute la frontière ; vouloit-on y suppléer par du genièvre, le prix en doubloit dans moins de deux heures, les magasins des riches engloutissoient toute cette liqueur ; une nuit suffisoit, et la municipalité protectrice et composée de tous les agens de ces manœuvres les souffroit, ou si elle prenoit quelque mesure, c'étoit avec tant de lenteur et d'éclat, que chaque municipal avoit le tems, au sortir de la commune, de mettre ses crimes à couvert; vouloit-on du vin pour le cas de siège, des municipaux se trouvoient commissaires, d'autres vendeurs, d'autres vérificateurs, et au bout de tout cela, il ne se trouva pas de vin, ou de si mauvais, que le conseil défensif fut obligé de montrer les dents; que faisoient pendant ce tems là Duhem et Lesage Senault? etc.*

Il suffiroit peut-être de répondre que l'on trouveroit dans les bureaux du ministre de la guerre, la preuve que l'approvisionnement militaire de Lille a été rendu complet aussi-tôt qu'on l'a desiré. On pourroit dire encore que si Lavalette, qui paroissoit être l'ame du conseil défensif ou conseil de guerre, a souffert qu'il fut mis des entraves à l'activité de l'approvisionnement, il a trahi son devoir.

Mais ces réponses paroîtroient évasives, et il est intéressant que les faits soient rétablis dans leur pureté. Les voici :

Lorsqu'au mois de mai dernier, le conseil de guerre eût arrêté (1) que l'approvision-

(1) D'après l'arrêté du 2 de mai, des représentans peuple;
Délibération du 27 mai;
Arrêté des représentans du peuple du 3 juin.

nement pour le cas de siége seroit completté par l'achat de deux cens pippes d'eau-de-vie et quatre mille pièces de vin, cette quantité fut fournie dans le courant du mois (1) ou très-peu de tems aprés : il est vrai qu'aprés perquisition faite chez les marchands de Lille, il ne se trouva de cette liqueur que ce qu'il en falloit pour la consommation ordinaire des habitans (2) ; mais cela ne doit pas étonner si l'on considère d'abord que Lille n'a jamais eu de magasins considérables ni d'entrepôts de cette marchandise, à cause de l'impôt exorbitant de l'octroi, auquel elle étoit assujettie avant la révolution ; en second lieu, il faut ajouter que depuis la défense illimitée d'exporter les boissons de la ville, les marchands n'en ont plus tiré du dehors ; que les débris de l'armée du Nord, réfugiés en partie dans Lille, en avoient consommé beaucoup ; qu'enfin, les armées

---

(1) Convention faite avec la veuve Flahaut d'Arras, du 6 mai, pour 160 pipes d'eau-de-vie ; celle avec Edouard Capron pour 54 pipes, en date du 2 de mai.

Les bordereaux de jauge du 8, 9, 10 et 11 juin, de 113 pipes.

Lettre de D. Bourdon du 7 juin, qui annonce la livraison, par Castel Pattalier, de 25 pipes, avec offre d'en livrer davantage.

(2) Rapport fait au conseil de guerre le 27 mai

campées à la proximité de Lille avoient contribué à en diminuer la quantité.

Il n'est donc pas exact de dire que l'eau-de-vie étoit disparue à Lille; il est vrai, au contraire, que l'on s'est empressé de l'y faire paroître aussi-tôt que le besoin de la ville a paru l'exiger.

Au surplus, si, malgré la surveillance du conseil-général, il s'est commis quelque fraude par des marchands; loin d'entreprendre de les soustraire à la punition qu'ils méritent, nous observons qu'il est du devoir de Lavalette et de tous ceux qui les connoissent, de les dénoncer aux tribunaux : Mais il est de la plus grande injustice d'en prendre sujet d'inculper une administration irréprochable, qui n'a rien de commun avec ces égoïstes; encore moins est-il permis de décrier, à cause de quelque tort personnel, un peuple généreux qui n'a jamais cessé de bien mériter de la patrie.

Quant au genièvre, Lavalette n'en parle que pour avoir occasion de placer une méchanceté; comme sentinelle vigilante il a pu savoir que le prix de cette liqueur augmentoit considérablement, mais comme membre du conseil de guerre il eut pu l'ignorer : on n'a pas eu besoin de genièvre, puisque l'eau-de-vie a été procurée en telle quantité qu'on l'a desirée; ce motif a fait rejetter par le con seil de guerre le marché qui avoit été conclu conditionnellement entre les commissaires préposés à l'approvisionnement et les citoyens Poissonniers frères, marchands de vin à Lille, qui s'étoient engagés à livrer 250 pipes de genièvre, et offroient la même quantité d'eau-de-vie.

Si Lavalette avoit dit tout simplement que quoiqu'il n'ait pas eu besoin de le savoir, il avoit cependant appris que le genièvre étoit augmenté de prix, parce que les genièvreries avoient été détruites par les désastres ordinaires de la guerre et la disette des matières premières, et peut-être aussi à cause de l'approvisionnement d'eau-de-vie fourni au conseil de guerre, il auroit dit la vérité; mais il n'auroit pas pu dépeindre LES MANOEUVRES DES MARCHANDS PROTÉGÉES PAR LA MUNICIPALITÉ; mais en indiquant les vraies causes de l'enchérissement du genièvre, il se seroit écarté du but qu'il se propose, celui de calomnier la commune de Lille et ses anciens administrateurs.

Le vin est, comme l'eau-de-vie et le genièvre, un objet de commerce, il doit par conséquent, dans le système de Lavalette, être un sujet d'inculpation contre le conseil de la commune; aussi Lavalette ne manque-t-il pas de forger sur cet article un récit dont chaque mot est un mensonge; substituons-y encore la vérité.

Quelques membres du conseil-général assistoient au conseil de guerre, parce que le département l'avoit ainsi ordonné (1); ils n'y avoient que voix consultative, et s'ils étoient quelquefois chargés de quelques commissions, c'est parce qu'à cette époque Lavalette, ou le conseil de guerre, ne croyoit pas pouvoir mieux placer sa confiance (2): lorsqu'il s'est agi de l'approvisionnement de vin, un officier municipal et un notable, commissaires délégués par le conseil de guerre, ont d'abord été chargés de recevoir les soumissions; (3) un marchand de vin, qui étoit officier municipal, voulut faire sa soumission pour 300 pièces, il l'a fit proposer au conseil de guerre par le commissaire ordonnateur des guerres, et elle fut acceptée; (4) ce soumissionnaire alla à Paris pour chercher les moyens de remplir son marché, et écrivit delà qu'il avoit trouvé deux mille pièces outre les 300 qu'il s'étoit engagé de fournir; (5) quoique

(1) Par arrêté du 6 avril, approuvé par les représentans du peuple.

(2) Voyez la délibération du conseil de guerre du 27 mai, et l'arrêté des représentans du peuple du 2 mai.

(3) Par délibération du 27 mai.

(4) Par délibération du 27 mai.

(5) Lettre du 3 juin.

cette offre ne put être regardée que comme un acte de patriotisme, cependant comme le conseil de guerre avoit dans ces entrefaites traité avec une maison de Mâcon pour trois mille six-cens cinquante-six pièces, par l'entremise de Capron-Ledien, Brovellio Charvet (membres du conseil de la commune), chargés par le conseil de guerre de recevoir les soumissions ; ceux-ci soutinrent que la proposition du soumissionnaire devoit être rejettée, ils le soutinrent en sa présence, lorsqu'à son retour de Paris, il vint représenter que sa commission l'autorisoit à outrepasser le nombre de trois cens pièces, et qu'en lui laissant deux mille pièces pour son compte, on opéroit sa ruine. Le marché fait avec la maison de Mâcon tint (1), on en poursuivit l'exécution (2), on nomma un commissaire des guerres et un autre militaire, pour vérifier les livraisons ; (3) et comme elles ne se faisoient pas avec autant

---

(1) Délibération du conseil de guerre du 11 juin.

(2) Lettres des 13 et 17 juin des commissaires Brovellio et Capron-Ledien à Trécourt fils et Pochon de Macon.

(3) Délibération du 11 juin, qui nomme D. Bourdon, commissaire des guerres, et Nartez commandant de la 3me. division de la gendarmerie pour vérificateurs.

d'activité

d'activité qu'on le désiroit, le conseil de guerre chargea le commissaire ordonnateur des mesures ultérieures à employer (1).

Tous ces faits sont prouvés, et s'ils avoient besoin de l'appui d'un témoignage non recusable, nous sommes persuadés que le représentant du peuple Lesage Senault, qui a assisté à tous les conseils de guerre durant sa commission, les confirmeroit; ces faits détruisent les insinuations perfides des ennemis de la chose publique; ils prouvent que, si les membres de la commune furent chargés d'abord de procurer l'approvisionnement de vin, ce fut en vertu d'une délibération du conseil de guerre, et non par le conseil-général de la commune; et la correspondance qu'ils ont tenue avec la maison de Mâcon pour la presser de fournir, écarte toute idée de connivence: ces faits prouvent encore que l'officier municipal, actuellement mort, qui avoit fait une soumission pour trois cens piéces, n'a pas été présenté au conseil de guerre par un de ses collègues; qu'il n'a pas été protégé par eux, lorsqu'il a offert deux mille pièces, et que ces deux mille pièces n'ont pas été rejettées à cause de leur qualité, puisqu'elles n'étoient pas encore arrivées à Lille; ces faits prouvent enfin que

(1) Délibération du conseil de guerre du 4 juillet.

le conseil de guerre n'a pas manqué de moyens de se procurer du vin, même au-delà des quatre mille pièces demandées.

Il est donc faux que des officiers municipaux se soient trouvés commissaires, dans le sens que Lavalette a voulu présenter, comme si ces fonctionnaires avoient usurpé cette commission, tandis qu'elle leur avoit été formellement déléguée par le conseil de guerre.

Il est donc faux qu'ils se soient trouvés *vendeurs*; si l'on en excepte un seul qui n'a livré, d'après l'approbation du conseil de guerre, qu'une foible partie de ce qu'il falloit de vin pour l'approvisionnement de la place.

Il est donc faux qu'ils se soient trouvés *vérificateurs* et que, comme tels, ils aient favorisé les livranciers, puisqu'un commissaire des guerres et un officier d'un grade supérieur avoient seuls cette qualité.

Il est donc faux que le vin étoit de mauvaise qualité, puisqu'il n'a été vérifié et accepté que par des experts impartiaux.

Enfin, il est donc faux que, si la quantité de vin nécessaire pour le cas de siége n'avoit pas été complette, c'eut été la faute du conseil-général de la commune.

Ainsi pourquoi le conseil de guerre auroit-il MONTRÉ LES DENTS; (expression de

Lavalette) : d'ailleurs cela suffisoit-il pour le décharger de sa responsabilité ?

L'approvisionnement de la ville pour le cas de siège, devoit être spécialement l'ouvrage du conseil de guerre, le conseil de la commune ne pouvoit que le seconder dans ses opérations ; il l'a fait, non seulement parce que l'intérêt de la république et celui de la commune en particulier l'exigeoient : mais principalement parce qu'elle mettoit toute sa gloire à opposer, dans tous les tems, la plus vigoureuse résistance aux satellites des despotes ; tels ont été les sentimens du conseil-général lors du bombardement ; tels ilsont encore été lors de la trahison de Dumouriez, époque dont Lavallette ne parle que pour s'attribuer l'honneur de l'arrestation de Miaczinski et de Devaux ; tandis qu'au vrai, Lavalette, nouvellement arrivé à Lille, n'a pas fait, en cette occasion, tout ce qu'il auroit pu faire ; tels ont toujours été, et tels sont encore les sentimens des Lillois ; et cependant on les calomnie, on ose avancer qu'il a été dit que le peuple de Lille ne soutiendroit pas un second siège : mais ceux qui attribuent au peuple de Lille une telle lâcheté, ne se rappellent-ils donc pas qu'avant l'arrivée de Miaczinski ; tous les membres des autorités réunies avoient juré de mourir à leur poste ? (1) ne se rappellent-ils donc pas, qu'à l'époque imprévue de la trahison du perfide Dumouriez, des malveillans travailloient l'esprit du peuple, et que des dragons, portant la plaque du régiment ci-devant *Dauphin*, ont été arrêtés et traduits au tribunal révolutionnaire par la municipalité, pour avoir tenu des propos tendant au rétablissement de la royauté.

On ose ici l'assurer; si la commune de Lille n'a éprouvé aucun trouble dans ces momens orageux, on doit ce calme à la confiance des citoyens dans leurs magistrats, on le doit aussi aux soins qui ont été pris de rechercher les auteurs et les fabricateurs des signes contre-révolutionnaires qui se répandoient, et d'exercer la surveillance la plus active dans les cabarets et autres lieux publics.

Le conseil général réuni avec les autres autorités constituées, ne s'occupoit pas seulement de la tranquillité intérieure; il portoit encore son attention sur tout ce qui pouvoit extérieurement la troubler.

Cinq mille hommes amenés par Miaczinski avoient fait halte au fauxbourg des malades; le conseil avoit résolu unanimement

(1) Procès-verbal du 2 avril, consigné aux registres de l'administration du district de Lille.

de leur fermer les portes de la ville, Lavalette disoit en avoir donné l'ordre. Cependant l'arrivée imprévue de Miaczinski sur la place d'armes, escorté par un détachement nombreux d'hussards, annonçoit ou que cet ordre n'avoit pas été donné, ou qu'il avoit été mal exécuté; aussi-tôt un officier municipal avoit rassemblé cinquante hommes de la garde citoyenne, et s'étoit rendu à la porte des malades dont il avoit fait lever le pont levis : le conseil envoya des députés pour connoître l'esprit du soldat et s'en assurer; bientôt il eût la satisfaction de voir les chefs de ces cinq mille hommes venir prêter le serment de fidélité, et accepter, pour tous les corps, le nom d'*armée de la république, unie aux Lillois.* Cette armée eût ordre (1) de camper à la porte de la Magdelaine.

Le récit de ce qui s'est passé à cette époque mémorable, n'a peut être pas été fait à la convention; la ville de Lille, satisfaite d'avoir rempli son devoir, n'a pas recherché d'applaudissemens.

Comme membre du conseil de guerre, comme membre du comité des autorités réunies, Lavalette a été témoin de ce qui s'est passé relativement à l'approvisionnement de

---

(1) Le général Macdonall est muni de cet ordre.

la place pour le cas de siège, et à l'arrestation de Miaczinski ; cependant la vérité sur ces faits ne se retrouve pas dans son libelle, il n'est donc pas étonnant qu'elle se rencontre moins encore dans tout ce qu'il n'a pu apprendre que par des renseignemens qui lui ont été donnés par des ennemis du conseil-général ; c'est ainsi que les faits sont controuvés ou exposés dans un faux jour, quand Lavalette parle de *la levée des citoyens de la première classe.*

Nous ne pouvons nous empêcher de témoigner à ce sujet toute notre sensibilité.

Tandis que cette brave jeunesse exerce son courage contre les ennemis de la patrie, tandis qu'elle arrose de son sang l'extrême frontière ; un ennemi plus implacable que ceux qu'elle combat, tente de la couvrir d'opprobre.

Il étoit réservé à Lavalette de saisir ce moment pour l'outrager ; oubliant combien cette jeunesse s'est distinguée par son zèle constant à faire le service de la place ; avec quelle bonne volonté elle s'est toujours soumise aux corvées que lui-même avoit exigées d'elle ; il n'a de mémoire que pour rappeller une erreur si promptement réparée, qu'entre la faute et la réparation, il n'a fallu que le tems nécessaire à la réflexion;

il n'est ingénieux que pour présenter cette erreur sous des couleurs noires et odieuses.

Il confond avec art les époques, en parlant de la levée de la première classe ; les citoyens de la première réquisition se sont formés en bataillons sans la moindre réclamation ; Lille a eu ses bataillons organisés peu de jours après la publication de la loi : mais antérieurement, lorsque les représentans du peuple députés à l'armée du Nord (1) réquirent quinze cens hommes, depuis seize ans jusqu'à vingt-cinq, pour faire le service intérieur de la place, sous le commandement du général *Favart*, les citoyens réquis, assemblés dans le lieu ordinaire de la séance de leur section respective, représentèrent que dans tous les tems la garde citoyenne avoit fait ce service au défaut de garnison, qu'elle offroit encore de le faire ; les citoyens demandoient en conséquence que les quinze cens hommes réquis ne fussent pas casernés, et qu'il fut pris dans toute la garde citoyenne le nombre d'hommes nécessaire chaque jour pour le service de la place : ces propositions ne furent pas agréées ; alors les jeunes citoyens, *sans sonner l'allarme, sans le moindre tumulte*,

(1) Par arrêté du 18 août.

demandèrent la permission de s'assembler pour s'organiser. Dans cette assemblée, il fut fait une motion, tendant à demander l'élargissement de trois citoyens qui avoient été mis en état d'arrestation, pour avoir rédigé les délibérations de l'assemblée de leur section ; cette motion fut cause que l'assemblée des jeunes citoyens se prorogea jusqu'à la nuit ; mais dans tous les débats, dans toutes les circonstances, les Lillois ont toujours montré le plus grand respect pour la représentation nationale, et le plus grand dévouement à la chose publique; ce dévouement s'est sur-tout manifesté à la réquisition de la première classe.

Pendant la durée de cette assemblée, le conseil-général de la commune mettoit-il *une coupable lenteur dans ses opérations ; abusoit-il du moyen d'inertie*? Non, il a employé tous les moyens que la prudence suggéroit; vigilance, exhortations, menaces, réquisition de la force armée, marche de la force armée vers l'assemblée : (1) A l'aide de ces mesures, il parvint à calmer l'accès d'un moment d'effervescence, et à faire exécuter paisiblement la réquisition des représentans

---

(1) Extraits du registre aux délibérations du conseil-général des 24 et 25 août.

du peuple, qui, satisfaits de la soumission de la jeunesse, mirent en liberté les trois citoyens détenus.

Qu'auroit-il fallu faire selon Lavallette? déployer tous les moyens de rigueur, présenter les bayonnettes aux jeunes Lillois rassemblés, sévir, répandre le sang, aigrir l'esprit du peuple?

Le conseil-général qui connoissoit, mieux que Lavalette, le caractère des habitans de Lille n'a pas donné dans ce piége; il falloit épuiser la voie de la persuasion avant que de se porter à de funestes extrémités, l'événement a justifié ce sentiment dont le conseil s'applaudit.

C'est donc calomnier indignement les citoyens de Lille et leurs administrateurs, que de leur prêter des intentions contre-révolutionnaires; il n'est pas de ville dans la république qui soit plus constamment, plus inviolablement attachée à la révolution, et qui en ait donné, avec moins d'ostentation, des preuves plus réelles et plus réitérées.

On pourroit passer sous silence les petites inculpations relatives au gazetier l'*Epinard* et au *certificat donné à Lamar'ière* : l'ineptie, la bêtise même caractérisoient les feuilles de l'*Epinard*; on lui donna la réprimande la plus sévère, en présence de *La-*

Lavallette qui étoit alors du conseil des administrations réunies ; on ne pouvoit guère faire plus à cette époque, où les mesures révolutionnaires n'étoient pas encore décrétées. Quant à *Lamarlière*, il est de la plus insigne fausseté que le conseil-général, d'après les sollicitations de Duhem, ait adressé à Lamarlière, *un certificat de civisme* (ainsi que le prétend Lavallette), *où tous ses crimes étoient couverts d'éloges*; déclarer que Lamarlière n'a pas fréquenté le spectacle pendant son séjour à Lille ; que sans recevoir précisément chaque jour trois et quatre trompettes ennemis, il en a reçu fréquemment ; déclarer qu'il a fait ouvrir, plusieurs fois, la nuit, les portes de la ville, d'après un ordre, signé du commandant de la place et muni de son cachet, n'étoit pas le reconnoître pour un bon citoyen, ni faire son apologie ; voilà cependant à quoi se réduit le prétendu certificat dont on fait un crime au conseil.

Or, nous en appellons à quiconque sait ce que c'est qu'un certificat de civisme ; nous en appellons à tout homme impartial ; nous sommes sûrs qu'il ne prendra pas une attestation concernant quelques faits pour un certificat de civisme, et qu'il n'y découvrira pas *les éloges* que Lavalette seul peut y appercevoir : le certificat dont il s'agit étoit donc purement négatif, et ne pouvoit tendre à justifier le civisme, encore moins les opérations militaires de Lamarlière, dont le conseil-général de la commune n'avoit pas connoissance.

On n'entrera pas dans un grand détail sur *l'affaire des commissaires de sections* qui ont été envoyés au tribunal révolutionnaire et qui y ont été *innocentés* ; la municipalité n'étoit pour rien dans tout cela ; elle savoit que le but des assemblées des sections étoit de prendre des mesures pour le recrutement de trente-cinq hommes de cavalerie, objet pour lequel elle avoit écrit la veille aux présidens de chaque section ; mais elle ignoroit et ne pouvoit prévoir que dans ces assemblées il seroit fait la motion d'ériger dans chaque section *une société populaire ;* elle n'avoit avec les sections comme avec les autorités constituées, que les relations absolument nécessaires pour son administration.

Le bureau central avoit été établi dès le principe des assemblées des sections pour recueillir plus promptement les avis touchant les mesures prises ou proposées pour l'exécution de quelque objet d'administration qui leur avoit été confié, vu la multitude d'affaires dont les municipalités des grandes villes et sur-tout des frontières, sont surchargées ; ce bureau ne délibéroit pas, son utilité consistoit à faire connoître, avec célérité, à la municipalité les opérations des commissaires des sections, et à établir dans ces opérations une parfaite uniformité; c'est à quoi se bornoient les relations du conseil-général de la commune et de la municipalité avec le bureau central. Les informations prises à Lille dans l'origine du procès, celles prises postérieurement pour le jugement, ont prouvé qu'il est faux que la municipalité ait adhéré aux motions faites dans les sections, ou coopéré à l'intrigue que l'on suppose gratuitement avoir existé, ou ait eu la moindre intelligence avec le bureau central.

D'ailleurs, quoique Lavalette ait su mettre impudemment Lille en parallèle avec Lyon et Toulon, qu'on ne s'imagine pas que les motions dont il s'agit aient excité quelque tumulte, quelque sédition; cette commune a été tranquille pendant la durée des assemblées des sections; (1) ceux qui en étoient les présidens, ainsi que les motionnaires ont été arrêtés et traduits au tribunal révolutionnaire, sans la moindre opposition ou le moindre murmure de la part des habitans; les seuls intrigans qui avoient envahi la tribune de la société populaire ont affecté

(1) Les procès-verbaux des commissaires de police en font foi.

de manifester de vaines appréhensions : quel étoit leur but ?

Quel peut être le but de ceux qui calomnient le peuple de Lille ? seroit-ce de le dégoûter de la révolution ? Les ennemis de la chose publique feroient pour cela de vains efforts ; les Lillois qui ont hérité de leurs ancêtres un amour indomptable pour la liberté, qui ont appris d'eux à combattre et à mourir pour les droits du peuple ; les Lillois qui ont fait pour la révolution tous les sacrifices, ne se lasseront pas ; la constance qui les caractérise restera inébranlable au milieu des orages et des intrigues. Comment d'ailleurs les ennemis de la chose publique parviendroient-ils à ternir la réputation que les Lillois se sont acquise ? Pour leur imposer silence, pour les démentir aux yeux de toute la république ; de Paris, sur-tout, où l'on a distribué des écrits diffamatoires contr'eux, il suffit de donner une note des actes de civisme des Lillois ; on y reconnoîtra aisément que l'amour de la patrie les anime, et que l'affermissement de la liberté est l'unique objet de toutes leurs affections.

Nous terminerons ces observations par une réflexion qui en est la suite naturelle ; s'il est prouvé, comme nous le croyons avec confiance, que le conseil-général de la commune n'a point malversé dans l'approvisionnement de l'eau-de-vie et du vin, pour le cas de siège ; s'il est prouvé qu'il est exempt du reproche *d'inertie* dans la levée des citoyens de la première réquisition ; s'il est prouvé enfin, que toute intelligence avec les sections lui a été étrangère ; il l'est également que la mauvaise foi a pu seule porter Lavalette à présenter ces griefs comme les fils d'une intrigue et l'effet de la malveillance.

PRÉCIS

Des événemens les plus remarquables qui ont procuré aux Lillois l'occasion de se distinguer par leur civisme.

A peine la ville de Paris eut-elle arboré le signe de la liberté, *la cocarde nationale*, que Lille s'empressa d'imiter son exemple ; après avoir manifesté de la sorte sa résolution de revendiquer les droits du peuple, trop longtems qualifié de *tiers-état*, la première démarche des Lillois fut de se rendre en foule au spectacle, et d'y forcer le commandant de la place, *Montrosier*, à remplacer sa cocarde blanche par une aux trois couleurs, qui lui fut présentée parmi de nombreux applaudissemens et les cris mille fois répétés de *vive le tiers-état, vive la nation !* Le lendemain de grand matin le peuple se porta en foule vers l'arsenal, s'y arma, et depuis lors il est sous les armes pour le maintien de la liberté.

La cour employa les moyens les plus odieux, se souilla de tous les forfaits pour usurper de nouveau les prérogatives qu'elle venoit de perdre ; il entroit dans son plan machiavélique de dégoûter les François de la révolution, en les affamant et en les fatiguant par des troubles suscités dans les diverses parties de l'empire ; déjà plusieurs grandes villes avoient éprouvé les funestes effets de cette affreuse politique ; Lille, place trop importante pour être oubliée, ne tarda pas à éprouver ce que pouvoient les agens de *Capet* et d'*Antoinette*; il s'éleva une querelle entre les régimens de la garnison ; cette querelle devint si sérieuse que bientôt la ville fut un théâtre sanglant, un champ de bataille, où les régimens marchoient en corps et se battoient les uns contre les autres : *Livarot*, le premier l'auteur de ces horreurs, brûloit du desir de voir la garde nationale prendre parti, alors la désolation eut été à son comble ; mais l'attitude ferme et tranquille des citoyens armés en imposa aux plus hardis ; les autorités constituées et la garde nationale devenues médiatrices, parvinrent, sinon à reconcilier les combattans, du moins à calmer leur fureur ; *Livarot* fut arrêté et conduit à Paris ; les régimens de la garnison furent envoyés dans différentes places des frontières.

Un autre projet, non moins liberticide, du *comité autrichien de Versailles* étoit de séduire les soldats à l'aide de leurs officiers, qui, dans ce tems, étoient encore tous à leurs corps ; mais une cause commune lioit les soldats-citoyens et les citoyens-soldats ; les Lillois

lois, pour cimenter encore plus, s'il étoit possible, cette union et la célébrer, multiplièrent les fêtes et en donnèrent une générale à la garnison, que l'on appella *banquet civique*.

Il ne suffisoit pas d'être sûr de l'esprit des militaires, il falloit de plus élaguer de la garde nationale tous les ci-devant nobles qui s'étoient fait nommer aux grades supérieurs; et qui, par ce moyen, empêchoient l'organisation parfaite de la garde nationale; qui même avoient en vue de paralyser cette force armée, où de la diriger selon leurs intentions : on se hâta, à Lille, de prévenir de si dangereuses conséquences; un autre Lafayette, le ci-devant comte *Dorgères* commandant de la garde nationale, fut destitué par le peuple, et préluda par sa retraite à Tournay, celle de tous les nobles dont il s'étoit entouré.

La France étoit menacée d'une guerre avec le despote autrichien; Lille, alors rempli de nobles et de malveillans, pouvoit devenir, par un coup de main, la place d'armes des ennemis, le point de ralliement des rebelles; il n'y avoit pas un canon sur les remparts; le détachement des canonniers de ligne, aidé des citoyens, parvint, dans l'espace de trois jours, à établir cent-vingt plates formes garnies de canons, contre le gré de *Montrozier*.

Cette précaution étoit d'autant plus nécessaire, que Montrozier, homme dévoué au parti de la cour, étoit demeuré en possession des clefs de la place ; le peuple le contraignît à les déposer entre les mains de la municipalité.

Les habitans de Lille ne se bornoïent pas à veiller à la sûreté de la place, ils contribuoient encore à rétablir l'ordre et la tranquillité dans différens points du département du Nord.

La circulation des grains est interceptée à *Houplines-sur-la-Lis*, aussitôt six-cens hommes de la garde nationale, sur la requisition des autorités constituées, volent à Houplines et y mettent les mutins à la raison.

A Bailleul, le peuple fanatisé s'oppose à la réception de l'évêque constitutionnel ; huit cens Lillois partent et font exécuter la loi.

A Haezebroucq, des malveillans excitent une émeute dont les suites peuvent devenir funestes : déjà le sang y a coulé, un bataillon de la garde nationale avec des canonniers de ligne s'y transporte et étouffe cette étincelle de guerre civile.

La France fatiguée, indignée des outrages des despotes, leur déclare la guerre, le département du Nord en devient le théâtre; une attaque simulée dirigée vers Tournay, sous le commandement de *Théobald Dillon*, est suivie de la *déroute de Baisieux*, qui avoit été occasionnée par la trahison; les troupes débandées se jettent dans Lille, y portent l'allarme et le trouble; les fuyards annoncent que l'ennemi les suit de près; la place étoit sans chefs militaires, ou plutôt on n'avoit plus de confiance en eux; le conseil général de la commune, les chefs de la garde nationale sont aussitôt à leur poste, et bientôt les remparts et les ouvrages avancés sont couverts de citoyens armés prêts à repousser l'ennemi.

Mais jamais peut-être Lille ne fut autant exposée à devenir la proye des tyrans, par les machinations du comité autrichien, que, lorsqu'à l'époque du 10 août, ce comité entreprit de former la plus grande partie de la garnison de *Suisses*; plusieurs bataillons étoient déjà dans la place, d'autres y étoient attendus; les Lillois appercevant le piège, eurent à peine le tems de faire entendre leurs vives réclamations, qui, heureusement, déjouèrent cette perfidie.

La vigilance, la sollicitude, les veilles sont le moindre tribut que le citoyen doit à la patrie en danger, il faut encore qu'il sache lui sacrifier sa fortune et sa vie. Pénétrés de ce sentiment, les Lillois s'empressèrent d'ouvrir leurs bourses aux femmes et enfans des braves défenseurs de la patrie : une souscription nombreuse fut ouverte, son produit considérable fut distribué en secours hebdomadaires par la municipalité; une autre souscription pour l'achat des grains fut remplie en très-peu de tems; une autre encore produisit une grande quantité d'habillemens, de chemises et de souliers, qui furent envoyés à l'armée de la Belgique qui en avoit le plus pressant besoin.

Le bombardement de Lille prouve sur-tout le dévouement de ses habitans; il est bon de donner ici quelques détails de cet événement mémorable.

L'on connoît la réponse spartiate faite à la sommation d'*Albert de Saxe*; Lille soutint par son courage et sa constance ce ton fier, digne de *républicains* : Tandis qu'il tomboit une grêle de bombes et de boulets rouges, tandis que, pour s'exprimer ainsi, la mort plânoit sur la ville, les habitans avoient à se défendre contre les malveillans qui, sous prétexte de porter du secours, entroient de force dans les maisons et les pilloient; ils avoient sur-tout à se défendre de l'insolence d'un nommé *Legros*, capitaine au premier régiment de cavalerie, agent des *Polignacs*, qui étoit parvenu, en séduisant plusieurs soldats et habitans, à établir un comité civil et militaire, lequel, surveillant en apparence les autorités constituées, entravoit réellement leurs opérations ; malgré ces dangers, tous les visages, tous les discours exprimoient la fermeté et la résolution ; chacun étoit à son poste ; les autorités constituées, rassemblées à la maison commune, travailloient sans relâche, soit à procurer des secours et des logemens aux *incendiés*, soit à fournir des moyens de subsistance aux indigens et aux ouvriers, soit à parer à mille incidens fâcheux qui renaissoient à chaque instant ; des commissaires municipaux surveilloient la distribution des *pompes*, dirigoient les bras pour arrêter le progrès de l'incendie : de leur côté les citoyens étoient, les uns à examiner attentivement la direction des bombes et des boulets, et à recueillir, par une méthode ingénieuse, ceux qui avoient frappé quelqu'habitation ; d'autres faisoient le service du canon aux batteries ; d'autres étoient en patrouille, d'autres à fabriquer et à réparer l'attirail nécessaire pour éteindre l'incendie, d'autres à fournir aux remparts les munitions et les vivres. Parmi ces divers mouvemens, on entend ce cri allarmant : l'*ennemi tente l'escalade* ; aussi-tôt tout le monde court aux armes ; on abandonne femmes, enfans, foyers, propriétés en proye aux flammes, pour s'élancer sur les remparts : l'allarme se trouva fausse ; cinq à six mille hommes de troupes étoient accourus successivement au secours de la place ; ils furent logés chez les habitans, qui les accueillirent avec les démonstrations de la plus vive joie, leur fournissant toutes les comodités que les circonstances permettoient ; enfin, les représentans du peuple, Bellegarde, Delmas, Duhem, Duquesnoy Doulcet et d'Aoust, se rendirent parmi les bombardés.

La présence de ces députés présageoit la délivrance de Lille ; en effet, l'ennemi découragé décampa peu de temps après laissant des tranchées et des retranchemens formidables à combler ; chacun mit la main à l'ouvrage, avec tant d'activité, que, dans deux jours, il n'exista plus de vestiges des travaux de l'ennemi : Lille reçut la récompense glorieuse de son civisme ; la convention déclara solemnellement, par un décret, *que la ville de Lille avoit bien mérité de la patrie ;* la proclamation en fut faite sur les ruines fumantes du quartier de Saint-Sauveur. Ce quartier est aujourd'hui entièrement rebâti.

On ne doit pas oublier ici de dire que, quelques jours avant le bombardement, on avoit annoncé que des représentans du peuple devoient passer à (1) *Haubourdin*, (dont l'on croyoit la route interceptée par l'ennemi :) couroient les plus grands dangers, aussitôt un nombreux détachement de la garde nationale partit avec deux pièces de canon pour les escorter.

Peu de tems après, les François, vainqueurs, à Jemmappes, pénétrèrent dans la Hollande ; il étoit resté peu de troupes dans la Flandre, les paysans, de ce pays, rassemblés, près de Rousselaer, avoient pillé un convoi ; dans cette occurrence, six cens hommes de la garde nationale requis de marcher sur Bruges, furent prêts en moins de deux heures, et partirent avec deux pièces de canon ; ce renfort, arrivé à propos, en imposa aux Flamands, et fut cause en partie, que le rassemblement de Rousselaer fut dissipé.

Aprés l'affaire d'Aix-la-Chapelle, où notre avant-garde essuya un échec, quatorze cens hommes de la garde nationale de Lille, en exécution d'une réquisition des députés à l'armée de la Belgique, partirent pour Gand et y séjournèrent jusqu'à l'entière déroute de l'armée Françoise : les débris de cette armée se jettèrent en partie dans

---

(1) Bourg à cinq quarts de lieue de Lille.

Lille : cet essaim de militaires fut logé chez l'habitant, qui leur prodigua les soins d'une hospitalité fraternelle ; le perfide Dumourier, campé avec le reste de l'armée, près Saint-Amand, ne tarda point à lever le masque, en arrêtant les représentans du peuple, et en envoyant Miaczinski avec 5,000 hommes pour s'emparer de Lille : la position de cette ville étoit d'autant plus critique, qu'elle renfermoit alors, dans son sein, près de douze mille hommes de troupes éparses, sans chefs, et de cent corps différens, dont l'opinion sur le compte de Dumourier n'étoit pas connue. N'importe, il n'y avoit pas à balancer un moment sur le parti à prendre ; les portes de la ville furent fermées au détachement de Miaczinski, et la police la plus sevère contint les malveillans : Miaczinski et Devaux furent arrétés non par Lavalette, mais par la prudence et la fermeté des autorités civiles et militaires qui s'étoient réunies en comité ; on s'assura de l'esprit des troupes qui campèrent à la porte de la Magdelaine, après avoir pris la dénomination *d'armée de la république, unie aux Lillois.* C'est ainsi que le premier boulevard du Nord fut de nouveau conservé à la France.

Depuis cette époque, le zèle des Lillois s'est-il démenti ? Jamais. En contemplant, d'un d'un œil indifférent, d'une part, les ruines des faubourgs de la ville; et de l'autre part, l'inondation qui a dévasté leurs propriétés, ils ont montré constamment, par leurs actions, qu'ils étoient de vrais républicains.

Pendant le passage continuel des troupes, depuis le mois d'avril dernier, les maisons des habitans ont servi d'asyle aux braves défenseurs de la patrie, qui y ont trouvé non-seulement un abri, mais des soins qui les délassoient de leurs travaux; la garde nationale a partagé le service de la place avec les troupes de ligne; les ouvriers ont contribué à augmenter la force imposante de cette forteresse, en travaillant infatigablement aux ouvrages qui en rendent l'accès plus difficile, et malgré la stagnation du commerce, les atteliers des fabriquans ont toujours été en activité, afin de procurer aux artisans les moyens de subsister.

A peine l'acte constitutionnel parut à Lille, qu'il fut unanimement accepté; et à cette occasion les Lillois manifestèrent leur satisfaction par des fêtes brillantes, embellies sur-tout par la joie universelle.

C'est à-peu-près vers ce tems que Marseille envoya à la municipalité et aux sections de Lille, des paquets d'adresses empoisonnées de fédéralisme; le conseil-général de la commune, d'accord avec les commissaires des sections, députés au conseil, arrêta de jetter les paquets au feu, sans les lire, et d'envoyer à Marseille l'extrait authentique du procès-verbal de la séance; un même brasier les consuma, et à la lueur de cette flamme impure, toutes les mains furent levées au même instant pour jurer de maintenir la liberté, l'égalité et l'indivisibilité de la république.

L'on demandoit des piques à *la Queissat* et d'autres instrumens de guerre pour les opposer à la cavalerie nombreuse des tyrans coalisés, aussitôt les enclumes gémirent, tous les marteaux, tous les maillets frappèrent à coups redoublés; de sorte, qu'en moins de huit jours, plus de dix mille piques sortirent des forges, et qu'en très-peu de tems les atteliers des charpentiers fournirent une quantité considérable de chevaux de frise.

Falloit-il des voitures et des chevaux, dans les momens les plus pressans, ou le parc des charrois de l'armée en manquoit, ceux des habitans étoient prêts, à l'instant même les convois en étoient pourvus.

Lorsque l'armée, sous le commandement de Houchard, marcha à grand pas vers Dunkerque bloquée, cette armée fut sur le point d'être arrêtée faute de nourriture pour les chevaux ; les députés à l'armée du Nord, en informèrent le matin la municipalité de Lille ; à peine y avoit-il dans la ville assez d'avoine pour nourrir pendant quinze jours les chevaux indispensablement nécessaires à l'utilité publique, cela n'empêcha point que tous les greniers ne s'ouvrissent pour en tirer l'avoine et le scourgeon, dont un convoi partit le même jour pour Cassel.

Reprochera-t-on aux Lillois d'avoir manqué de zèle quand il s'est agi de préparer de nouveaux hôpitaux, pour la multitude de blessés qui, après les affaires sanglantes de Turcoing, Linselles, le Blaton, Menin et des autres avant-postes, ne pouvoient plus être contenus dans les hôpitaux militaires ? de leur propre mouvement, et en moins de deux heures, ils ont fourni de quoi garnir dix-huit cent lits, ayant en outre offert de recevoir et de soigner chez eux tous les blessés que les hôpitaux ne pouvoient contenir.

Leur reprochera-t-on d'avoir manqué d'activité à la levée des citoyens de la première réquisition, et celle du contingent pour la cavalerie ? Déjà les bataillons de Lille étoient organisés, casernés, et faisoient le service de la place, que la jeunesse des communes environnantes n'étoient pas encore debout ; on ne s'est pas borné à fournir le contingent de cavalerie; les sections et la société populaire ont procuré à leurs frais, sept cavaliers montés et équipés.

Enfin, s'il falloit juger de l'esprit public, à Lille, par la vente avantageuse du bien des émigrés, et sur la quantité d'or et d'argent provenant des ornemens des églises, que l'administration du district a versée dans le trésor national; Lille pourroit se vanter, avec fondement, que peu de communes l'ont surpassée, qu'il en est même beaucoup qui ne l'égalent pas; les biens des émigrés se vendent plus que le double du prix de leur estimation, et le borderoau suivant fait connoître la richesse des hochets de la superstition que le district de Lille a offerts à la nation pour contribuer à la défense de la patrie :

En argenterie et en vermeil, 24,268 marcs.
En or, environ 30 marcs.
En diamans, 268 karats.
En perles fines, 5 marcs.
Soixante-trois croix, dites de Saint-Louis.
Et sous peu il y aura un dernier envoi assez considérable.

Au reste, cette énumération est superflue si les Lillois ont montré dans les tems les plus orageux et les plus critiques, *quels* ils étoient ; pourroient-ils ne pas être *les mêmes* à l'instant ou les plus heureux succès conronnent l'énergie de la nation et réalisent de jour en jour ses espérauces ; jettez un coup-d'œil sur Lille, vous retrouverez dans ses habitans le même caractère, la même soumission aux lois, le même dévouement à la république ; le représentant du peuple Hentz n'a dit qu'un mot et les assemblées des sections, dont on avoit pris ombrage, ont cessé d'exister ; les églises sont fermées, les prêtres désœuvrés, les dimanches oubliés, les décades célébrées, la superstition vaincue ; la société révolutionnaire délivrée des intrigans qui l'avoient subjuguée a pris un nouvel essor ; tout nous garantit l'inviolable attachement de Lille à la république, --- et c'est dans ce moment que Lille est calomniée !.....

De l'imprimerie de Rougyff, rue Saint-Honoré no 25.

LES DÉPUTÉS EXTRAORDINAIRES DE LA VILLE DE LILLE, A LA CONVENTION NATIONALE.

Extrait de la correspondance officielle de la Commune de LILLE, avec les Ministres et les Généraux de la République, avant, pendant, et après le bombardement de la ville de LILLE.

Lettre écrite à M. Roland, Ministre de l'Intérieur, par les Officiers Municipaux de Lille.

Le 9 septembre 1792, l'an 4e. de la Liberté.

MONSIEUR,

VOus verrez par le Procès-verbal que nous avons l'honneur de vous adresser des différentes pétitions qui ont été faites dans la journée d'hier, que le cours des choses devient d'un instant à l'autre plus inquiétant, et la disposition des esprits moins calme; nous espérons que vous en conclurez avec nous, que les secours que nous ne cessons de solliciter, tant en armes qu'en hommes et en munitions de guerre et de bouche, sont de la plus grande urgence.

Nos dernières dépêches de cette nuit vous ont informé des progrès de l'ennemi sur nos frontières; dans ce moment même, il est en force à nos portes et à moins de trois quarts de lieue de Lille; différens détachemens de la garnison y ont couru avec du canon, et nous ne savons pas encore quel sera le succès du combat, quoiqu'il ait déjà duré depuis plus de trois heures: mais quoiqu'il en soit, il ne peut que vous convaincre, Monsieur, de la nécessité absolue de garnir cette clef du Royaume de vingt à vingt-cinq mille hommes, pour la metrre à couvert des attaques de l'ennemi, et de le débusquer des postes dont il s'empare chaque jour dans les environs.

Les Officiers Municipaux de la Commune de Lille.

Lettre de M. Roland, aux Officiers Municipaux de la ville de Lille.

Le 15 septembre 1792.

Les gémissemens continuels que vous poussez, Messieurs, sont fatigans. Le Ministre de la Guerre m'assure que vous êtes approvisionnés en munitions, en hommes et en vivres, de manière à résister à des forces bien autrement imposantes, que celles dont vous êtes menacés. Vous demandez des armes, mais à quoi serviroient donc les places, s'il falloit toujours les défendre par des camps? Votre place défioit les Potentats du Nord, lorsqu'elle n'avoit que des satellites du despotisme dans ses murs; et elle trembleroit aujourd'hui qu'elle est défendue par des Soldats de la Liberté. Cessez, Messieurs, cessez des plaintes pusillanimes et déshonorantes; ayez la noble fermeté de vous ensévelir sous les ruines de vos Fortifications; que nos ennemis connoissent ce généreux dévoûment, et vous les ferez fuir.

Ils n'inondent votre territoire, ils ne vous harcèlent que parce qu'ils espèrent encore trouver des traîtres ou des lâches. Voilà, Messieurs, ce que mon ame opprimée par défaut de courage doit vous dire. J'ajouterai cependant pour exciter votre confiance, que, si des dangers pressans vous environnoient, on volera de toutes parts pour combattre et détruire vos assaillans.

Le Ministre de l'intérieur, *Signé* Roland.

Lettre des Officiers Municipaux de la Commune de Lille à M. Roland, Ministre de l'Intérieur.

Lille, le 19 septembre 1792.

MONSIEUR,

Le style et le ton de votre lettre du 15 de ce mois, nous imposent le devoir inflexible d'y répondre, sous peine d'avouer par notre silence que nous méritons les qualifications infamantes de traîtres et de lâches. Nous allons le faire avec cette noble et franche fermeté, que des hommes libres ne doivent perdre qu'avec la dernière goutte de leur sang, versé pour la défense de la Patrie et de l'Egalité.

Nous vous avons rendu avec exactitude les comptes de notre situation ; nous vous avons sollicité avec les plus vives instances, réitérées à mesure de l'urgence des besoins impérieux, de nous mettre en état de faire agir efficacement notre zèle et notre courage, ainsi que celui de nos Concitoyens, afin que nos efforts ne fussent pas perdus pour la chose publique. A tout cela, Monsieur, vous répondez le 15 de ce mois, que les *gemissemens continuels que nous poussons, sont fatigans* ; que le Ministre de la guerre vous assure que nous sommes approvisionnés en munitions, en hommes et en vivres, de manière à resister à des forces bien autrement imposantes *que celles dont nous sommes menacés.*

Nous ne nous permettrons pas de douter que le Ministre de la guerre ne vous ait donné l'assurance, dont vous nous parlez au sujet de nos approvisionnemens; mais nous oserons lui dire, ainsi qu'à vous, Monsieur, que les comptes à lui rendus sur cet objet, sont d'une fausseté notoire, constatée par les rapports de nos Généraux, qui n'ont cessé de demander toutes sortes d'approvisionemens dont notre place avoit besoin.

Et vous traitez nos sollicitations réitérées, de gémissemens fatigans que nous poussons continuellement ! Ainsi donc nos Généraux poussent aussi continuellement des gémissemens fatigans, car ils ne cessent de demander des forces...... des forces.... et puis encore des forces..... non parce que nous sommes menacés, mais parce que l'ennemi, après s'être emparé et avoir ravagé environ vingt lieues de notre territoire, est à nos portes.

Vous paroissez étonné que nous réclamions des armes, et vous vous écriez avec le ton et les expressions de l'indignation.

« A quoi serviroient donc les places, s'il falloit » toujours les défendre par ces camps? Votre » place défioit les Potentats du Nord, lorsqu'elle » n'avoit que des satellites du despotisme dans » ses murs, et elle trembleroit aujourd'hui qu'elle » est défendue par les Soldats de la Liberté. »

Monsieur, il ne nous appartient pas de décider s'il faut ou non toujours des camps pour défendre des places; mais nous pouvons dire avec vérité que nos Généraux ont unanimement pensé qu'il falloit un nombre suffisant de troupes dans une place, quelle que fût sa force, non-seulement afin de pouvoir soutenir avec succès les attaques des ennemis, qu'il est impossible de repousser avec une poignée de soldats, mais encore pour se mettre en état d'en purger absolument la terre de la liberté qu'ils ont souillée, sans attendre leurs attaques.

Les habitans de notre ville, les soldats-citoyens en petit nombre qu'elle renferme, ne tremblent pas; il en sont incapables, soyez-en bien convaincu; mais ils veulent verser leur sang avec utilité pour la patrie, et leur desir seroit vain, leur but seroit manqué, si on nous laissoit en l'état actuel des choses; vous n'y croyez pas, monsieur, à en juger par ces autres expressions de votre lettre.

» Cessez, Messieurs, *des plaintes pusillanimes » et déshonorantes*; ayez la noble fermeté de vous » ensevelir sous les ruines de vos fortifications, » que nos ennemis connoissent ce généreux dé- » vouement, et vous les ferez fuir, ils n'inondent » votre territoire, ils ne vous harcèlent, que parce » qu'ils espèrent encore trouver des traîtres ou » des lâches ! ».

Notre cœur a bondi à la lecture de ce passage, il se soulève encore en le transcrivant, et c'est à des Français, à des hommes libres, à de braves citoyens, que vous vous permettez de tenir un pareil langage! non, Monsieur, non, il n est pas de vous, c'est à coup sûr celui d'un de vos commis; car vous êtes connu pour très-éloigné de penser aussi défavorablement de vos concitoyens, sans les connoître.

Quoiqu'il en soit, nous nous garderons bien de descendre ici jusques à la justification; forts de la pureté de nos intentions et de notre amour inviolable pour la Nation, pour la Liberté, pour l'Égalité; forts encore de ces sentimens dont brûlent tous nos concitoyens, nous nous bornerons à vous prier instamment d'ordonner à vos commis, de mesurer désormais leurs expressions, et de n'en jamais employer vis-à-vis de nous, d'aussi déplacées.

Soyez en outre bien convaincu, Monsieur, que nos ennemis et l'Europe entière, apprendront que les Lillois sont dignes d'être libres, et ne perdez jamais de vue ce que nos généraux répètent sans cesse, avec vérité, comme avec raison, que le courage produit bien des actions d'éclat, mais qu'il faut les continuer pour vaincre complètement;

à quoi il est démonstrativement impossible de parvenir, sans un nombre suffisant de combattans.

Voila ce que notre cœur opprimé par votre langage, voilà ce qu'une noble fermeté nous forcent impérieusement de vous dire; nous nous le devions; nous y étions tenus par nos concitoyens outragés, et nous ne pouvions nous en dispenser envers nos généraux, qui méritent à si juste titre toute notre confiance, sur la conduite desquels retombe cruellement la critique non méritée que l'on s'est permise de la nôtre, dans vos bureaux.

LES MAIRE ET OFFICIERS-MUNICIPAUX DE LA VILLE DE LILLE.

Certifié conforme aux originaux déposés au greffe de la commune de Lille.

THÉRY FALLIGAN, MOREAU,
Députés extraordinaires de Lille.

De l'Im. de la citoyenne TREMBLAY, rue Aubrie-le-Boucher, n°. 43, près celle Quincampoix.

www.ingramcontent.com/pod-product-compliance
Lightning Source LLC
LaVergne TN
LVHW012013160826
845678LV00002B/808

* 9 7 8 2 3 2 9 6 7 3 6 6 0 *